JN418482

거기가 내 집이었어

작가마을 시인선 66

거기가 내 집이었어

초판인쇄 | 2023년 12월 20일
초판발행 | 2023년 12월 26일

지 은 이 | 최갑호
펴 낸 이 | 배재경
펴 낸 곳 | 도서출판 작가마을
등 록 | 제 2002-000012호
주 소 | 부산광역시 중구 대청로 141번길 3, 501호(중앙동, 다온빌딩)
서울시 도봉구 도당로 82(방학1동, 방학사진관 3층)
T. 051)248-4145, 2598 F. 051)248-0723 E. seepoet@hanmail.net

ISBN 979-11-5606-***-* 03810 정가 10,000원

작가마을 시인선 66

거기가 내 집이었어

최갑호 시집

도서출판 작가마을

시인의 말

목수가 집을 지을 때
대목과 소목이 마음을 합해 대궐 같은 집을
짓는다는 것은 다 아는 일이다.
그런데 내가 글자로 집을 짓는다는 사실이 꿈만 같다
오랜 항해를 끝내고 예쁜 색시에게 장가들 때의 기분이고,
좋은 일들이 계속 일어날 것 같다.
히말라야산맥 같은 파도가 나를 삼키려던 악마의 입,
천 길 낭떠러지 같은 그곳을 지금도 항해하는 분들께
이 글을 바치고 싶다

2023. 겨울

최갑호

차례 — 최갑호 시집

제2부

제3부

제4부

거기가
내 집이었어
최갑호

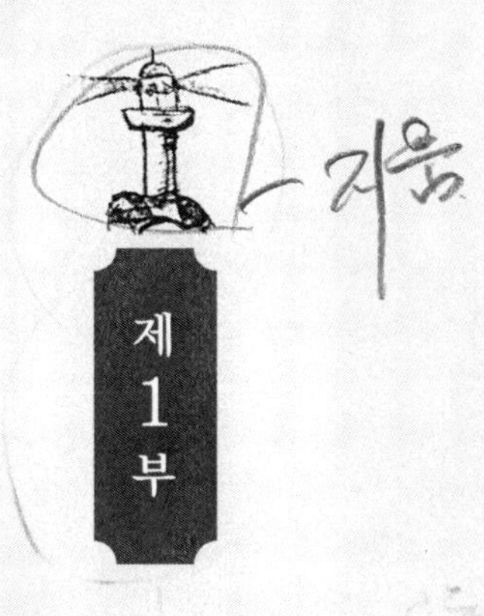

제 1 부

빨간 모자

은색 슈트 멋지게 차려입은
죽방멸치

자존감 잔뜩 세운
허리 꼿꼿한 그도
주부 45단 손놀림에
사라진 내장과 뼈,
눈 깜짝할 새

빨간 베레모 쓰고
내 목구멍 속으로 행진 중인
죽방 멋쟁이

눈물을 먹는다

중매

오랜만에 들어선 대문
버선발로 뛰어나오시던 어머니

아가씨 사진을 들이밀며
장가들라고 성화다

입항의 기쁨도 잠시
하역작업이 끝나기도 전
출항의 뱃고동 귀에 쟁쟁거린다

어머니 눈에 또
이슬꽃 피었다 진다
지금은 긴 여행 중인
어머니

카오스

물기 먹은
바람이 불어와
비가 올 것 같은
잿빛 하늘

밀려오는 신세력
그것을
밀어내려는 세력과의 다툼

모래알과 자갈 사이
하얀 포말이 일어서며
철썩거리는 함성

강산이 흔들 한다
금수강산이 흐느낀다

넝쿨장미 만발하였네

수평선 너머
붉게 솟아오르는 태양,

쪽물이 주르르
쏟아질 것 같은 하늘
밤새도록 무슨 일을 했는지
고요하게 잠자고 있는 파도

18노트 속력 난간 외벽
앵카 벨마우스* 주위에
스테이지를 타는 위험한 작업

경험 많은 1 갑판원, 3 갑판원
스테이지에 앉아
깡깡망치로 배의 부스럼을 두드리고
스크래프로 긁어낸 자리
군데군데 칠한 방청 도료

고향집 흙담 위 덩굴장미 피어나듯
붉은 장미꽃이 만발했네

* 앵카 벨마우스 : 앵카를 격납할 때 선수부의 선체와 앵카가 맞닿는 곳. 종 모양으로 약간 두툼하고 볼록하게 튀어나와 있음.

여명

엉겨 붙은 소금 꽃 사이로
굴절된 불그스레한 빛살

둥근 현창으로
내다본 세상
검푸른 파도가 날름거리며
창을 부숴 버릴 듯
서서히 일어서고 있다

성난 파도에 놀란 날치
거센 파도 타며
숨바꼭질하듯 나르는 날치
그것을 보고 있는 나

얼음물을 뒤집어쓴 것처럼
잠이 확 달아나 버린다
고행길 시작한 난바다

적도제

적도에서 차린 제단
제주祭酒로 고수레를 하는 선장
돼지가 돈을 물고 빙그레 웃고 있다

불화를 부추겨야 하는
포세이돈과 암페트리테 사이
바람이 일어선다

남십자성을 바라보는 깊은 밤
무사히 크로싱라인을
넘을 수 있게 빌고 또 빌어 본다

항구에 두고 온 그 여인
내게로 걸어오는 꿈을 꾸고 있다

돌고래 떼와 함께 달린다

당직 서기 전
선수 볼 워크*에 나가
'타이타닉' 주인공처럼
두 팔 넓게 벌려 만져 본
바람의 살결

벌버서 바우*가
돌고래처럼 물보라를 일으키며
헤쳐 나가는 쪽빛 바다

뭉게구름
뭉텅뭉텅 떠 있는 파아란 하늘
선수 옆 돌고래 떼
헹가래 치며 호위한다

인생의 희망 찾아
나의 사랑 찾아
어제도 오늘도
돌고래와 함께 힘껏 달린다

* 볼 워크(현장) : 선수 갑판보다 위로 성벽처럼 돌출된 부분.
* 벌버스 바우(구상선수) : 선수부 수면 아래 혹 같이 둥글게 튀어나온 부분. 물의 저항을 줄여 주는 역할.

가을 사슴 엉덩이처럼

북극성 만나러 가다 보면
이사부의 혼이 깃든
환상적인 화산섬
울릉도와 독도

반갑게 눈 맞춤할 때
태양은 심해로 빠져들어
붉은색으로 끓어오르는
핏빛 바다

쿠릴열도 지날 즈음
우리를 패대기친
하얀 바닷물이
찰떡처럼 엉겨붙은 물 숭어리

선박의 온몸
살 오른 가을 사슴 엉덩이처럼
토실토실 불어 오른다

마알간 태양 솟아오르면

무지갯빛 보석으로 치장한
우리 집

다시 가고 싶다

날치

레이더 스크린에 쏟아지는
금빛 모래알
눈에 어릴 즈음

산신령 눈썹 닮은
잔물결이 보이고
턱시도 멋지게
차려입은 날치 떼
주갑판에 늘어져
잠을 자고 있다

하얀 파도를 뚫고
우사인 볼트 되어
순항 미사일처럼
파랑을 타고 넘다
배의 늑골을 들이 받아
가랑잎으로 떨어지는
참혹함을 본다

새의 눈

날치의 눈
나의 눈

위험을 예측 못하는 눈들이
흔들린다

무중 항해霧中航海

인터스텔라*의
모래 폭풍처럼 밀려와
소리를 삼키는 희뿌연 안개

파도가 잠을 자면
고요해지는 세상
으스스 공포가 스민다

보이지 않는 한 치 앞
한랭한 숨결이
이류하는 공기괴로
선박도 사람도
식은땀을 흘린다

슬픈 뱃고동
울리고 또 울리면
안개 스크린에 흐르는
아련한 기억의 추억

* 인터스텔라 : 황폐해져 가는 지구를 대체할 인류의 터전 찾기 위해 웜홀을 통해 항성 간(interstellar) 우주여행을 떠난 모험가의 영화.

육분의六分儀

수평선에
그녀의 얼굴 떠오르기 전
찾아온 고요한 세상

희뿌연 하늘 아래
갈매기 날갯짓도 없는
넘실거리는 검푸른 바다의 몸집

그녀에게
해와 달도 가슴에 안겨 줄 수 있다고
허풍도 떨었다

더 넓은 대양 가르뱅이에서
나를 찾으려면 천측 항해기기
육분의가 필요하다

태양을 수평선에 끌어내리면
가슴에 환희로 차오르는
육분의가 있었다
나에겐

야광충

무서움이 밀려오는 컴컴한 밤바다
회전창을 통해 밖을 두리번거려도
한 치 앞이 보이질 않는 나는 심봉사

한 시간쯤 지났을까
전방에 나타난 환한 대도시
깜짝 놀라 레이더 화면을 봐도
그 무엇 하나 보이지 않는다

식은땀이 주르르 흐르는 등줄기
가까이 가보니 야광충 무리
영도 섬만큼 빛나고 있었다

콩알만 해진 마음을 쓸어내리며
내뱉는 긴 한숨
다시 소환할 수 없는 빛나던 내 젊음
서편 하늘을 물들이고 있다

황천항해

잔잔한 바다에 몸을 맡기고
순항 중

때아닌 태풍 소식에
황천항해 준비한다

바람이 가당찮게 불어
하얗게 질린 바다
너울도 일고 호흡 가빠진다

파도가 브리지를 덮친다
회전창에 부딪혀 쓰러지고 일어서
주갑판에 뒹굴어 다니는 두려움

이 앙다물고 양다리로 버텨도
넘어지고 일어서는 인생처럼
황천항해 몇 번이던가

정 주고 떠난 갈매기

대마도가 잡힐듯한 태종대
단애斷崖 위 우뚝 선
하얗고 날씬한 등대

황금 찾아
정 놓아두고 떠난 사랑
떠나자마자 보고 싶은지
불 켜고 두리번거린다

목화솜
군데군데 흩어놓은 하늘
가물가물 거리는 희미한 불빛……

님 오시나
연신 눈빛 휘둘러대며
다리가 아픈 듯
앉았다 섰다

거울 바다

거친 파도 순해 지면
맹경처럼 고요해지는 세상

사랑도 미움도 잠자는
요술의 세계

바다가 거울처럼 변해도
요동치는 내 마음

그 속을 주마등처럼 지나가는
어머니와 가족

고요한 대양의 거울 바다에
비추어 보는 내 모습

내가 머무는 이곳
화엄의 세계

다시 가고 싶다

검푸른 파도가 누에걸음으로,
큰 너울로 걸어오는
그곳

다시 가고 싶다

캄캄한 밤바다를 갉아먹는 박명시
붉은 태양의 장엄함도 보고 싶다

잠자리 날개로
파랑의 포말 위를 나는 날치 떼
돌고래 떼 뛰어오르는 그 바다가 그립다

먹똥 구름 몰려오는 잿빛 하늘 아래
세찬 바람 불어 해파가 만든
로체*의 삼각 봉우리
파랑의 깊은 골짜기로 내리꽂힐 때
나를 몰아세우던
하이에나 같은 바다가 그립다

마음껏 자유를 누릴 수 있는 집시들의 바다
그곳으로 다시 가고 싶다

오대양으로……

* 로체 : 히말라야 산맥에 위치한 8,516m의 세계 4위 봉우리이다.

해수 온천

태양이 이글거리는
한나절 뙤약볕 아래
상갑판 녹슨 곳
두들기고
찍어내고
긁어내고
부르르 털어낸다

보안경 마스크로 보호한 선원들
밀가루처럼 뒤집어쓴 녹
붉은 장미꽃으로 피고
상갑판은 장미동산 되었다

소낙비가
연잎 위에 튕기듯
녹가루 사방으로 튕겨 다녀도
해수에 온몸 담그면
하루의 피로는
노을 지듯 사라진다

밀항자

인도네시아 칼리망탄 남쪽
열대어 어항 벤자르마신
항구 안은 원목들의 포로수용소

선원들의 동정 살피는 긴장한 얼굴
수면으로 빼꼼 내다보다
물밑으로 사라진 생명들

교수형처럼 대롱대롱
와이어에 목매달려 오면
소란스러워진 바다 위
내 집

서로의 몸 냄새에 기절해 누운
선창의 원목
밀항자를 막기 위한 연막 방역

바라스트에도 숨어든 그 날의 오후
아슬아슬한 숨바꼭질의 연속

바닷괴물 크라켄

야간 당직,
커피 한 사발 들고 윙 브리지에서
넋을 잃고 바라보는 먹 바다

빛이라곤
간간이 힘없이 걸어 들어오는
희미한 별빛뿐

어렴풋이
새어 나오는 측면의 불빛
어른거리는 물 이랑의 하얀 거품
온몸으로 스며드는 공포
전설의 크라켄이 나올 듯한
깊은 먹물 바다

바다의 그믐달

숯검댕이 같은 까만 밤
그믐달에 돛 달고
우주의 끝으로 간다

보일 듯 말 듯 반짝이는
밤하늘의 그믐달
밤바다에 윤슬로 떴다

그달 보고 있으면
어느새 어머니는
깔깔한 모시옷 입고
내 눈 속으로 걸어오고 있었다

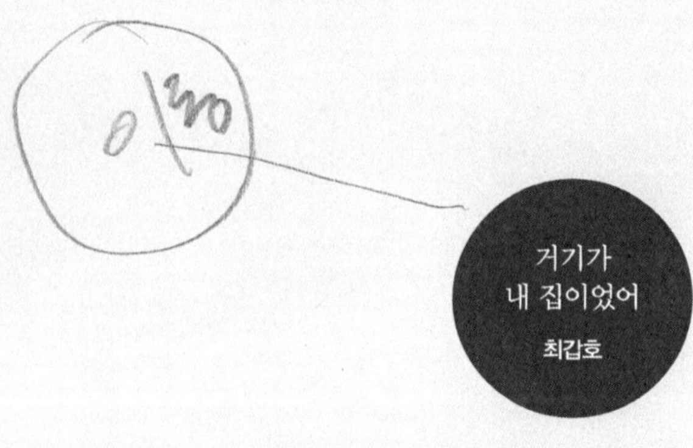

거기가
내 집이었어

최갑호

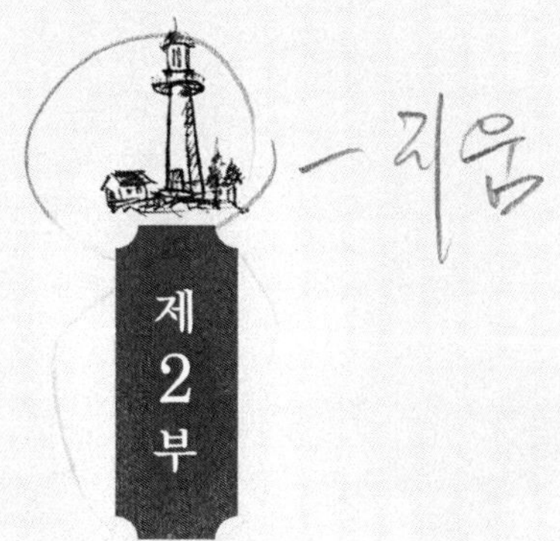

제2부

추억의 싱가포르

수평선 너머
아침해 눈 비비며 성큼 걸어 나올 때
히빙라인 던져 계류삭 걸어 놓고
발걸음 가볍게 삼삼오오 시내로 간다

멀라이언 분수 옆
화교의 까치발 판자촌이 즐비한
싱가포르 강섶

생활의 부유물 떠다니며
숨 막히는 항구의 열대어가
푸른 하늘을 흠뻑 빨아 마시던
乙卯年 싱가포르항

카라치 항구

옥빛 하늘 물이
왕창 쏟아져 내릴 것 같은
카라치 항구
공기에 섞여 오는 특유의 내음새
코끝을 감돌다 바늘처럼 콕 찌른다

화려한 시내버스 안
철망 문이 분리한 성별선
신기한 파키스탄의 탑승 문화

하역 도중 검수사가 건넨 담배 한 개비에
침실까지 기어가던 그날 밤
하늘을 오르내리는 묘약이었다

위스키 한 병과 몸값이 같은 담배 한 개비
검수사의 장난질에
잠시나마 바다와 멀어져 있었던 나

매혹적인 이스탄불

유럽풍의 아름다운 까치밥 지붕
쪽물 같은 하늘과 바다에
하얀 괭이갈매기는 화룡점정

위
덕
언

눈을 사로잡은 모스크
나를 만족게 한 버킷리스트

이스탄블 이스티클랄* 짙은 향이 배인 거리
아가씨의 환영하는 손짓
사랑에 목말라하는 선원들
사막의 오아시스

그 가슴에
아침노을처럼 물든 튀르키예 아가씨

* 이스티클랄 : 이스탄불에서 가장 번화한 거리.

아바단의 아침 해
– 아바단 항구 1

해적이 출몰하는
말라카해협을 지나
미친 듯이 날뛰는
사이클론을 만나
사라진 혼으로
인도양 세일론을 넘어선다

풀 한 포기 나무 한 그루 보이지 않는
돌산뿐인 페르샤만灣
알라딘의 양탄자가 날아올 것 같은
요술경이 지금 펼쳐진다

이란의 아바단 묘박지
불을 밝히면
꽃게가 헤엄쳐 오듯
밀려오는 어머님 생각
뜰채로 퍼 올린다

터져오는 아바단의 동녘
나를 반겨 주시던

어머님의 환한 얼굴 같은
아침해를 또 맞는다

순사의 칼

– 아바단 항구 2

이란 아바단항의 묘박지
환하게 불 밝혀 놓고
드르렁거리며 꿀잠에 빠져든
물 위의 내 집

오랜만의 뭍 내음에 취한 선원들
쉽게 잠들지 못하고

바다에 드리운 낚싯대 춤을 춘다
초릿대가 휘청 떨려 온다
릴을 감는다
페르샤만에 순사의 칼처럼
뻰쩍이는 갈치가 올라온다

쌍안경 속의 풍경

쌍안경을 들여다본다
아득한 수평선 너머에 무엇이 있을까

아지랑이처럼
이글거리는 물금 위
조그마한 컨테이너 한 척

내 눈 속을 가로질러
어디로 가는 걸까

지루한 한나절
잘게 부서진 태양이 찰랑이고
쌍안경 속에 어룽거리는 그 아가씨
내 마음 흔들고 있네

머리를 좌우로 흔들어 본다
쓰디쓴 에스프레소 한 모금으로
환상을 깨운다

노을 속으로

대만 가오슝 항
잔잔한 파도가 울던 날
실성한 듯 바닷속을
헤치고 다니던 슬픔
갈매기도
크레인 붐대 위에서 울었다

하역 작업위해
해치후드를 들어내다
눈을 감아버린 1갑원 박씨
가오슝 대학병원 영안실에 누웠다

종이로 만든
화려한 집, 돈, 고급자동차
이승에서 못다 한 부귀영화 누리라고
다 태워 주며
가족 대신 명복을 빌었다

따라나서지 못한 그의 육신
펄펄 끓어오른 젊음은

태평양 하늘 속으로
저녁노을처럼 숨었다

내 인생의 황혼녘에
가끔 그의 청춘이
붉은 노을로 찾아올 때 있다

간몬 해협

저물어 가는 태양
계류삭으로 꽁꽁 묶어도
서쪽 바다로 숨어 버린 하루

처음 승선한
사회 초년생의 기나긴 밤
첫사랑 만남처럼 가슴 설레이며 잠을 설쳤다

용왕님이 쏘아 올린 공
밝아오는 동녘이 궁금해
현창으로 자꾸만 눈이 간다

시모노세키와 후쿠오카 사이
좁은 수로 간몬 해협
울돌목처럼 강한 물살

선수가 휘둘려
조타륜 잡은 팔뚝에
힘줄이 솟았다

가오슝高雄

타이베이 가오슝에 피항했다
먹구름 몰려와 뒤엉켜 버린
바다와 하늘
바람은 40m/s 중심기압은 936hpa
몸이 굳어진다

2중 3중 걸어 놓은 5인치 계류 밧줄도
툭툭 터지게 하는
바람의 강한 손

떠다니는 홋줄
스크루를 휘감는 포승줄이다
휘몰아치는 빗방울
숏 블라스팅*한 것처럼
선박의 페인트를 벗겨 놓는다

피가 솟구치는 듯
모두를 고통으로 몰고 간 태풍
선원들의 목숨을 송두리째 휘두르던
그날

* 숏 블라스팅 : 금속 표면에 강구(鋼球)를 내뿜는 청정 법.

회색빛의 올드 고아항

회색 물감으로 덧칠한
인도 올드 고아항

뭍 냄새 분 냄새에
벌름거리는 개 코
태양처럼 붉어진
선원들의 얼굴

백여리 너머 있는
누드 비치로
내 마음도 달린다

허여멀겋게 벗고 누워
망중한 즐기는 선텐객 사이로

발정 난 늑대들
어슬렁어슬렁 먹이감 노린다

입꼬리가 올라간다

홍콩 앞바다

시간 변경선 타이완 해협
그 선을 넘으면
변덕 부리는 바다 위의 노을
눈 안에 든다

금가루 흩뿌려 놓은
홍콩의 밤하늘
하얀 손수건 흔들며 눈물짓던
부산항의 그 아가씨
나를 내려다보고 있다

어디가 하늘인지 바다인지
먹물을 풀어놓은 듯 캄캄한 홍콩 밤바다

스쳐 지나가는 어선
수많은 꽃등으로 활짝 피어
키 잡은 손
땀방울 솟게 한다

알렉산드리아의 일탈

홍해에서 지중해 가는 길목
수로 양옆
대추야자나무는 띄엄띄엄
수에즈 운하를 걷는다

히잡을 벗은 신여성
손 흔들어 환영하는 풍경

대양을 항해하던 선박들
좁은 수로에 갇혀 졸고 있는
어항 속 열대어
내 젊은 날의 묘박지

지중해의 강렬한 태양이
화살처럼 쏟아지는
운하 입구 알렉산드리아 항구
유명세를 타는 파로스 등대

검은 히잡으로 감싼
신비스러운 여인

그 속으로 걸어 들어가는
일탈의 욕망이 들끓어 오르는
한낮

오타루의 밤 연가

홋카이도 오타루
입항하던 날

쉴 새 없이 내린 함박눈
칠흑 같은 밤을
한낮처럼 밝혔다

운하 옆
오래된 세관창고
지붕의 끝
턱수염처럼 매달린 하얀 고드름
종일토록 벌을 서고 있다

두 눈 부릅뜬 가로등
옹기종기 모여있는 선박도
오르골 소리 들으며
한겨울 속으로 빠져든다

한밤 가로등 밑
어깨 껴안고

눈길 걸어가는 청춘 남녀
무슨 이야기 나누며 갈까

어디로 가는 것일까

바다가 싫어지는 이유

태풍 소식에 놀라
타이베이 지룽 외항에 피항
황천 준비를 서두르는 쌍묘박

큰 파도
덕석말이로 패대기치면
빙벽을 타듯
기어오른 배 옆구리

"저쪽 모래사장으로 가 우짜든동 살아남아라"

울음 섞인
선장의 단호한 퇴선 명령
시커먼 바닷속 범고래 되어
죽을힘으로 간 아른거리는 모래밭

낯익은 몇몇이 보이질 않는다
구조대원도 접근이 불가능 한
간출암

큰 너울이 입 벌리고 달려오면
사랑하는 여인처럼
꼭 껴안은 바위
파도가 밀려가면
"살려 달라"
사투의 시간도 물거품

허기를 삼킨 바다악어처럼
꿈과 희망을 삼켜버린
그 바다가 싫어진다

나르는 대포알

비바람이 강하게 불었다
선박들 서로 부딪혀
쿵쿵거리는 항구
배의 구조물들
와장창 부서져 내렸다

선수에서 지휘하던 갑판장
용접이 떨어져 날아온
비트에 맞아 쓰러진다

수만 송이 장미꽃 짓이겨진 흥건한 갑판
배의 난간 잡고 버티기도 버겁다
바람이 숨죽일 때 병원으로 옮겼다

섹션을 위해 목에 구멍 뚫는 수술
환자 다리를 잡으라는 의사의 말
잡고 볼 수밖에 없었다

목에 메스를 그었다
장갑 낀 손으로 근육을 헤집어

구멍을 뚫는 순간
푹~
허파에 공기 빠지는 소리가 났다

먹빛 같은 그곳의 애환
붉고도 단단하게 똬리 틀어
가끔 뾰족함으로 고개 내미는
몸서리쳐지는 순간, 순간들

79년 8월 8일

무지개 꿈을 안고
높은 파도가 춤추던
오대양을 누비던 그 사람
시모노세키항을 통과해
관부 페리호에 승선한
마지막 항해

체스판 무늬 바지와
짙은 갈색 샤스 입고
바람에 휘날리던 장발
개선장군같이 귀국했지

일렁이는 파도에
젊음을 실은 10년
대마도 지나
오륙도 눈 안에 들면
가슴 두근거리던 그 시간

빠알간 장미를 입에 문
괭이갈매기 떼

나를 반겨 주던 그 시절
흰 안개꽃으로 피어난 그리움

시소게임

중서부 아프리카 코트디부아르 아비장 항구
또 오라며 손 흔드는 흑인 아가씨

대서양 파도를 뒤로하고
남극 유빙과 부딪치는 상상도 하며
마다가스카르 토아마시나항으로

나를 기다리는 테이블마운틴
고향의 그리움 가득 차려진다

얼간이 새들 간간히
대포알처럼 물속으로 뛰어들고
검푸른 하늘엔
새털구름 한가롭게 떠가는 희망봉

남극에서 불어온 차디찬 바람
온 바다 눈꺼풀 하얗게 뒤집는
난바다를 건넌다

4차원의 세계로

坐鐘시계 요란하게 울어
커피 한 잔으로 가다듬는
정신통

미드나이트 당직

눈 속으로 모여든
브릿지 창밖
까만 하늘에 별빛만 깜빡인다

오랫동안 바라보던 별
ET와 손가락 맞추는 환상에 젖는다

저편
4차원의 세계로 들어가는 황홀한 문 있어
날마다 들락날락 거리는 희망의 부푼 꿈

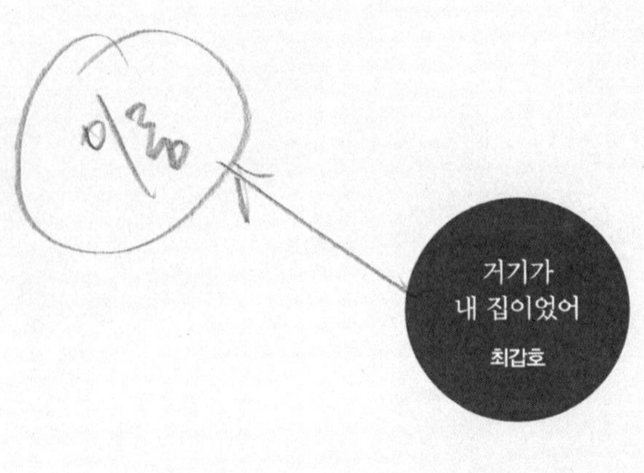

거기가 내 집이었어

최갑호

제3부

평온한 바다

새벽 어스름 지나가고
태양이 쑤욱 솟아오르는 수평선
해무리 걸쳐있는 둥근 현창舷窓 밖

거슬러 오르는 연어 떼처럼
이물[*]로 가르마 타듯
헤쳐 나가는 배
항적 위에 흐르는 태양의 잔부스러기

해초 더미 위에서
한가롭게 아침 햇빛을 즐기는
별주부의 안거安居

* 이물: 배의 앞 선수부

또 다른 생태계

망망대해
떠다니는 온갖 쓰레기들
탯줄처럼 해초와 뒤엉켜
태궁胎宮을 만들고 있다

치어, 해파리, 바다거북, 물개, 고래
먹이인 양 삼킨 투명비닐

내가 버린 문명의 이기
쓰러져 가는 뭇 생명의 신음소리 들린다

생명의 근원, 바다
붉은 등이 깜빡거린다

기표소

저 멀리 작은 보트 하나
신나게 미끄러져 온다
검역선 스쳐 지나간 물결 위
알록달록 열대어가 떼 지어 노는 항구

몰려오는 열대어에
눈빛 빤짝이는 선원들
선거일 투표지 받는 것처럼
한 사람씩 기표소로 간다

제일 고운 열대어는 선장실로.

마른하늘에
별안간 뇌성이 휘몰아친다

기표를 마친 선원들의 얼굴
불콰해져 들떠 있다
선상에 뒹굴어 다니던 고독도
푸른 바다로 잠시 가라앉는다

경선 180도

북태평양을 뒤로하고
눈에 어룽거리는 내 고향 오륙도로 간다

바다를 뒤집어 놓은 듯한 하늘
고래들이 내뿜는
분수 쇼를 보는 평온한 나날

날짜 변경선 문턱
퉁~
고무줄이 끊어지듯
순식간에 잃어버린 하루

이마의 굵은 주름 속에
잃어버린 하루가 배여 있었다

바다 얼굴

파란 세상 위로
돌고래 떼 날숨 들숨으로
헹가래 치듯 뛰어놀 때

희뿌연 안개 사방으로 번져
몽환적 무중항해를 할 때

백파 위를 솟구쳐 나르는
날치의 날갯짓 보일 때

변덕스러운 바람 불고 난 뒤
억겁의 세월을 걸어온 태양
서쪽 하늘 물들일 때

잔잔한 바다에 윤슬로
쏟아지는 은은한 달빛
옛 생각에 잠기게 할 때

해도

어디로 흘러가야 하는지
곶을 향해 가는
시간의 길을 만드는 해도

낙조에 홀려
달리고 또 달려도
벗어날 수 없는 요술경

올무처럼 나를 옭아맨 수평선
마음에 찍은
섬과 뭍 그리고 바다

다시 길을 만든다

믿음직한 앵커

통신실에서 방송되는 기상특보
하얗게 변한
선장의 긴장한 낯빛

수평선 위로 몰려오는 먹구름 떼
발자국 소리 요란스럽다

묘박지에 한가롭던 선박
억센 바람에 맞서고

춤추던 갈매기도
어디론가 숨어들고

태양에 그을린
긴장한 앵커
온몸의 근육이 불끈거린다

밤바다

그대가
보고 싶어
하늘타리 카페가 있는
밤바다로 간다

그대는 간 곳 없고

빤짝거리던 눈빛만
뒹굴고 있는
밤바다

대양으로

부산항 제3 부두

젊음의 패기
하나 품고 떠나던
오대양

검푸르고 세찬 해류를 따라
새끼 연어처럼 나서던
나의 옛 모습

胎를 묻어둔 고향
잊을 수 없는 산천
애닯은 엄마의 거친 손

추억 속에 숨 쉬고 있다,
아직

선상의 겨울 바다

크루즈 선상에서 바라본
해운대 겨울 밤바다

일렁이는 파도에
몸을 맡기고 바라본

그대의 눈빛은
마천루의 춤추는 불빛

그날 밤
내 얼굴 스치던
향기롭던 그녀의 긴 머리카락

어느새
그 위에도 목화보다
더 하얀 꽃눈
수북수북 쌓여
세월을 말하네

외눈박이

맑고 궂은 날씨에도
별빛이 눈 부릅뜬 밤에도

깃이 달린 홍색 갓 쓰고
색동 쾌자 입고
칠성방울 짤랑이는
박수무당의 용한 점 보다
매의 눈으로
양팔 벌려 회도리 춤추는 레이더

솟아오르는 태양의 장엄함
노을이 갈마드는 아름다움
고요한 수평선 너머에
파란만장의 난바다는 볼 수 없는
외눈박이

항적航跡

해도海圖 위에 길을 만들어
그 길 따라가는 이등항해사

파랑주의보가 내려
넘실거리는 파도
뒤돌아보면 오솔길처럼
끈질기게 따라다니는 항적

고무줄놀이하듯
뛰어넘는 돌고래
끝없는 바다의 무료함을 달래주어도

항구에 두고 온 미련
나보다 먼저
그 길을 나선다

오륙도 묘박지

괭이갈매기가
맨발로 뛰어나와
반갑게 맞아주는
부산항

챠르르 챠르르~
굉음을 내며
힘들었던 숨을 내뱉는
항해에 지친
내 집

해초 물고
잠자는 쥐치처럼
단묘박單錨泊에 몸을 맞긴 채

힘 빠져
이리저리 휘둘리다
깊은 잠에 빠져든
내 집

겨울 바다

그 바다에 갔었지

푸르디 푸른색 보며
그대 생각 키웠지

그 바다가 있어
마음의 평온을 찾았던
하루 또 하루

밀려왔다 가는
물결처럼
따순 情이 올 때까지 기다렸지

화려한 꽃 한 송이
피울 때까지

파랑새 찾아서

푸른 꿈을 안고
육분의 하나 들고
파랑새 찾아 나선 오대양

검푸른 오대양에
마음 내디디고 서면
한치 밑은 천 길 낭떠러지
전설의 파랑새 찾아 떠돌았던 십여 년

파랑주의보 내린
해신의 하얀 눈썹
부리지를 넘나들 때
황천은 바로 눈앞

백파가 스쳐 지날 때
놀란 날치 떼
파르르 날으면
전설의 파랑새인 줄 알았다

주억거리는 추억의 몸살

희망봉 찾아
젊음을 송두리째 던진
난바다

사방을 둘러봐도
온통 넘실거리는
검푸른 해룡의 등뿐

퍼덕이는 용의 꼬리로
박제된 항구의
추억을 깨운다

마음 설레이게 하던
그 아가씨 눈빛 아직
내 마음에 피어오르는 모닥불

바이킹을 탄 듯한 배의 흔들림
머릿속을 맴도는 항구,

그 추억의 몸살

드넓은 오대양

삶과 꿈을 키우는 너른 밭
어머니의 편한 삶도
동생의 상아탑도
수확할 수 있었던 그곳

젊음처럼 역동적인 푸른 바다에
꿈틀거리던 욕망과 희망
꿈과 애환도 함께 뒹굴었던 거센파도 위

세상에서
제일 큰 밭을 가졌다고
으쓱하던 어깨,
때론 품었던 희망을
송두리째 위협하던 바람의 심술

내 삶의 기름지고 풍성했던
그 거친 바다가
아직 손안에 꿈틀거리고 있다

는개꽃 핀다

고향의 푸른 공기
갈매기 울음소리도 그립던
부산항

찻집에 마주 앉아 달콤한 정
마음껏 들여 마시던
가을날

이곳저곳 떠돌던 선원의 역마살
꺼져가던 불꽃이 다시 일어나
내 눈이 붙잡은 그녀의 마음

뱃고동 길게 울고 울어
내 눈가에서 피어난
는개 꽃 수만 송이

제 4 부

환상

뭉게구름 한가롭게 거니는 맑은 하늘 아래
아물거리는 수평선 위
나른하게 누워있는 오후 한나절

훤히 보이는 바다 밑바닥
갈매기 한 마리도 보이질 않는
인도네시아 남쪽 항구 파당

밤새도록
어머니 같은 마음으로
더위 식혀주던 그녀

적도를 넘어 향하는 싱가포르
항적에 따라오는 그녀의 따뜻한 마음
나른한 오후 감겨오는 눈꺼풀
그녀가 꿈 속에 동그마니 앉아있다

행복 전도사

험한 파도를 가르며
화주貨主의 행복을 싣고
바다를 달린다

떠나온 항구
정들었던 그녀의 안부편지
밤하늘 은하수에 띄워 보낸다

궂은 날씨 달래 가며
이 항구 저 항구 행복 전하는
나는 행복 전도사

안부편지

세븐스타
선원들의 욕망과 희망도
삼켜 버린 바다

역마살로 떠돈
삼십 년의 세월
靈과 肉이 휴면 중

편안한 물속
魚礁로 누워있는 세븐스타
선실에 아직도 살고 있을
일곱 명

예쁜 일곱동가리돔 편으로
보내려는 안부편지
대만해협 길목에서
기다리고 섰다

하늘을 나는 고등어

하늘 높이 일어서는 파랑
새벽 바다가 하얗다
파도의 봉우리에 올라
파랑의 깊은 골짜기로 미끄러져
바닷물을 퍼 올린다

배의 식당에 겨우 들어선다
식탁엔 하얀 식탁보 물 축여 깔리고
식탁 위 국그릇엔 하늘을 나는
뭉게구름 같은 비곗덩어리
롤러코스트를 타고 있다

접시에 누웠던 고등어
꼬리지느러미로 힘차게 하늘을 날아
벽을 뚫고
바다로 탈출을 시도한다

다시 고향으로……

얼가니 새

사람들은
바보라고 놀리지만
푸른 발을 가진 착한 부비

먹이 찾아
창공을 박차고 올랐다가
대포알처럼 해수면으로
다이빙하는 고단함

고독이 뒹구는 선상에도 내려앉아
친구가 돼 주는 순하디 순한
부비새

나의 삶과 닮았다

등대

꿈을 안고 돌아오는 항구
거친 파도 넘실거리고
천 길 낭떠러지로 곤두질하던
힘들고 외로운 길도 감싸 안아주는
이곳은 어머니의 품속

머루 속 같은
어둠이 깔린 바다 위
고독의 허기짐을 풀어놓고
향기로운 추억을 반갑게 맞이해주는
오륙도 등대
이곳은 내 고행 부산

속마음

하늘을 여는 항해 박명[*]
멀쩡하던 날씨
오금이 저릴 때 한두 번이 아니다

산맥으로 돌진한 너울
험악하게 거품 물고 일어서

볼 워크를 패고
쪼개어진 파도 부리지를 덮쳐
회전창은 숨이 갑신다

아가씨 속마음처럼
알 수가 없는 바다 날씨

* 항해 박명航海薄明 : 일출이나 일몰 시 태양의 중
도 사이의 구간에 위치할 때.

뱃고동

출항의 뱃고동 울리면
뱃사람의 투박한 마음도
하룻밤 로맨스를 생각하네

하얀 조개구름 떠가는
푸른 하늘

물수제비 뜨며 나르던 갈매기도
레이더 날개 위에
내려앉아 울어주네

그 아가씨
점점 멀어져 가는 선미를 보며
눈물 없는 손수건
오래도록 흔들어 주네

시간의 시간들

뱃고동 소리
바다 물결 위에 일어서고
텅 빈 모래밭엔
발자국만 남아있네

그 발자국
파도 속으로 하염없이 무너져 내리고
뱃고동 소리에 담겼던
기억의 조각들
하나둘 날개를 펴네

잊을 수 없는
시간들 사라져 가고
그 순간순간도
당신의 사랑 속으로 묻혀가네

승천

하늘은 파란 우물
그 속에 한가롭게
뭉게구름 떠 가네

수면 위로 뛰어오르는
돌고래 떼 따라,
까마귀 떼 몰려오듯
심술궂은 시커먼 구름,
숨차게 달려온다

잠잠하던 파도
으르렁거리며 달려드는
사나운 한 마리 해룡

여의주 탐내며
바닷물 휘감아 올릴 때
두 손 모아 모두의 안녕을 빈다

청춘

손수건 흔들어 주는 이 없어도
온 세상이 다 내것 인양
혈기 왕성한 청춘이 간다

내 마음 아는 듯
빠알간 립스틱 바른
괭이갈매기
두 날개 퍼덕여 환송을 한다

힘찬 뱃고동 소리
흩날리며 떠나가는
부산항 제3 부두

파도야 깝치지 마라
내가 간다
내 청춘이 간다

파도 위에 누워

대권 항해로 들어선 망망대해
오도 가도 못하는 고독
스멀스멀 기지개를 켠다

한동안 휘청거리며
바다에 표류한 나의 꿈
부두에서 안고 온
희망봉을 바다에 던져버렸다

자맥질 끝에
다시 건져 올린 희망꽃
성난 파도 등에 누워
외로움 달래주던 너는
깨벗쟁이

퇴색된 면허증

젊음의 날개 마음껏 펼쳐
높게 멀리
날 수 있다는 생각

꿈틀거리며 덮쳐오는
검은 파도와 맞섰던
마도로스

빛바랜 대양의 꿈
아직 머릿속에 미련으로
요동쳐도

해무가 짙게 깔린 바다처럼
추억만이 희미한
2등 항해사의 누런 면허증

공허함 속의 기적

파도 위에 떠 있는 갈매기 울음
밀려오던 잔파도
안개꽃으로 필 때

가슴으로 밀려드는 외로움도
삼켜 버린 바다

잊을 수 없는 세월의 흔적
어둠 속에 묻혀가도
가슴속 슬픔만 토해낸다

삶이
캄캄한 밤길일지라도
그대는 내게 등불

당신과의 만남은
처음이자 마지막 선물

거기가 내 집이었어

깊고 검푸른 파도가
넘실거리던 오대양
위험한 천 길 낭떠러지
거기가 내 집이었어

일, 밥, 잠, 외로움, 허우적거림
커피도 함께 마시던
아슬아슬한 그곳
거기가 내 집이었어

우정과 갈등
삶과 죽음
희로애락이 넘나들던
거기가 내 집이었어

식자우환

공깃돌 같은 섬들이
여기저기 떠 있는 한려수도
새벽 어스름 걷힐 때

빨간 고무다라이 줄지어 서 있는
남해 미조 공동어시장 앞

서로 학식이 높다고 편싸움하는
오징어 對 호래기

조그만 입으로 먹물 세례 하는 오징어
사각모 쓰고 으스대는 호래기

김삿갓 후예라며
어깨를 으쓱이는 오징어

사각모 고쳐 쓰며
식자라고 우기는 꼴두기
승자도 패자도 없는 언쟁

밤낚시

미늘 없는 그믐달로
낚싯줄 드리운 남반구 한바다

비막치어*들의
선한 눈빛 속에도 뜬
그믐달

희컴컴한 바다
꼬리지느러미를 퍼덕이면
사방으로 흩어지는 은비늘

내 생애에도
은비늘이 반짝일 때 있었다

* 비막치어 : 한국과 일본에서 '메로'라 불리는 심해어

섬

물 위
하늘 아래 그어진 孤線

그녀의 허리 곡선처럼 휘어져
외로움에 빠져들게 하는 초저녁

윙 브리치에서 바라보는
광활한 바다 위
나는 작은섬

폭포수처럼 쏟아지는 고독
나를 슬프게 하는 물 언덕

시집 해설

바다 시학이 만든 밭과 집

정영자
(문학평론가, 한국문인협회 고문)

바다 시학이 만든 밭과 집

정영자
(문학평론가, 한국문인협회 고문)

인간에게 있어서 바다는 환경인 동시에 문화다. 바다와 함께 살아온 사람들에게 바다는 그들의 치열한 삶의 일부분이고 도전과 응전 속에서도 경외와 적응의 삶이 순리를 따르기도 하였다. 물의 총합으로 표징 되는 바다, 생명의 원천으로 화합과 끌어안음의 그 바다를 배경으로 하거나 주요 대상물로 하는 해양문학은 사람도 등장하지만, 주역을 담당한 바다라는 무대에 내포된다.

일찍이 문덕수 교수는 "해양문학의 빈곤은 우리 문학사의 맹점이다. 삶의 무대로서의 바다를 인식해야 한다."고 역설한 바 있다. 반도국이었던 우리나라는 바다가 중요한 삶의 터전이었다. 그러기에 바다는 필연적으로 희망과 동경의 대상이 되고, 극복해야 할 존재이기도 하며, 극복하지 못함으로써 생기는 한恨의 대상이 되기도 하는 것이다.

일찍이 융(C. G. Jung)은 "바다는 모든 생명의 근원이요, 영적 신비이며 영원성이요, 죽음과 재생을 나타 낸다."고 하였고, 프라이도 바다는 겨울 · 밤 · 죽음과 궤를 같이하는 것으로 보면서 죽음의 표상인 동시에 죽음의 승화 과정을 거쳐 새로운 생명으로 태어나는 통로로 보고 있다.

2022년 문학 계간지《여기》가을호에서 시인으로 등단한 고성 출신의 최갑호 시인은 젊은 날 10여 년 외항선을 타고 세계의 바다를 항해하였다. 그의 고향도 바다요 살고 있는 부산도 바다의 도시이지만 그의 의식과 무의식에는 젊은 날 넓고 광활한 해양의 바다가 출렁이고 있다. 때문에 그의 첫 시집도『거기가 내 집이었어』라는 체험적 바다 시학이 펼쳐 지고 있는 것이다. 그의 바다는 관조의 바다이기 전에 삶의 현장이었고 죽음과 희망을 동시에 직조한 배처럼 불안한 곳이었지만 희로애락이 공존하는 집이요 무지갯빛의 보석 같은 곳이다. 긍정적인 그는 절망과 고난으로 온몸을 던져 극복한 인간 승리의 체험을 시를 형상화시키고 있다.

1. 바다는 내 집, 세상에서 제일 크고 너른 밭을 가진 사람

집은 기후의 변화 등 외부 환경으로부터 가족의 생명과 재산을 보호하여 안전하게 지켜주는 공간이다. 또 가족

간에 사랑과 믿음을 서로 나누고, 가족이 함께 모여서 즐겁게 지낼 수 있는 장소이다. 가족들은 이러한 생활을 통해서 직장생활이나 학교생활에서 얻은 긴장감을 해소시키고 정신적인 안정을 얻을 수 있다. 집은 다음 세대를 이어 갈 자녀를 출산하고 양육하는 터전이며, 노인들이 여생을 편안하게 지낼 수 있는 곳이기도 하다. 더 나아가 가족의 건강 유지와 쾌적한 주생활을 영위 하기 위한 취사 · 청소 · 세탁 등의 가사 노동이 이루어지는 곳이다. 주택의 조건은 안전성, 능률성, 쾌적성을 가져야 된다.

시인은 "깊고 검푸른 파도가 넘실거리던 오대양/위험한 천 길 낭떠러지/거기가 내 집"이라고 노래하고 있다. 일, 밥, 잠, 외로움, 허우적거림과 커피와 함께 아슬아슬하게 위험한 그곳 바다를 집이라고 말하고 있다. 그것도 우정과 갈등, 삶과 죽음, 희로애락이 가득 담겨 있는 바다 거기가 내 집으로 규정한다.

집이란 안전하고 능률적이고 쾌적해야 하는 곳인데 바다는 언제 어떻게 뒤집혀 지고 재난이 일어날지 모르는 불안과 위험을 안고 있는 곳이다. 바다가 뒤집히면 순조로운 항해는 할 수 없거니와 도무지 쾌적할 수 없는 비바람과 악천후 속에서 견뎌야 하는 불안을 가지고 있다. 그러나 『거기가 내 집이었어』를 읽어 보면 위험한 천 길 낭떠러지에서 평안을 느끼고 아슬아슬한 공간에서 커피를 마시는 여유를 만난다. 그리고 끝내는 희로애락의 인간의 근본적인 모든 삶의 진실이 혼합된 이미지를 구축한다.

대체로 바다는 극복하기 힘든 자신의 고립과 인간의 한계를 형상화 시키는데 세상과 인간의 내면을 긍정적으로 성찰하고 표현한 외항선 선원의 단단한 정신세계를 읽을 수 있다.

시집 표제처럼 최갑호 시인의 시는 삶의 현장인 바다를 만나 늘 함께 출렁이지만 두려움의 대상이기 이전에 "삶과 꿈을 키우는 너른 밭/어머니의 편한 삶도 동생의 상아탑도/수확할 수 있었던 그곳'으로 어머니와 동생의 생활을 해결해준 고마운 생산적인 밭으로 명명하고 있다.

시인이 늘 함께한 체험의 바다는 비극적이고 절망적인 상황도 많았겠지만 생활을 개척해준 너른 밭으로 바다를 이미지화시키고 있다.

깊고 검푸른 파도가
넘실거리던 오대양
위험한 천 길 낭떠러지
거기가 내 집이었어

일, 밥, 잠, 외로움, 허우적거림도,
커피와 함께 마시던
아슬아슬한 그곳
거기가 내 집이었어

우정과 갈등

삶과 죽음
희로애락이 가득 넘나들던
거기가 내 집이었어

―「거기가 내 집이었어」 전문

바다인 집은 육지인 집처럼 세상일에 지친 우리를 회복시키는데 탁월한 공간이다. 때문에 집은 물리적 요소가 아니라 집에 머문다고 느끼는 감정이다. 이와 같은 시적 형상화의 과정은 바다를 집으로 인식하는 친숙하고 따뜻한 치유와 편안의 공간 개념으로 전환되고 있다

삶과 꿈을 키우는 너른 밭
어머니의 편한 삶도
동생의 상아탑도
수확할 수 있었던 그곳

젊음처럼 역동적인 푸른 바다에
꿈틀거리는 욕망과 희망
꿈과 애환도 함께 뒹굴었던 거센 파도 위

세상에서
제일 큰 밭을 가졌다고
으쓱하던 어깨,

때론 품었던 희망을
송두리째 위협하던 바람의 심술

내 삶의 기름지고 풍성했던 그 거친 바다가
아직 손안에 꿈틀거리고 있다

—「드넓은 오대양」 전문

"세상에 제일 큰 밭을 가졌다고/으쓱하던 어깨"로 표현한 피 끓던 청춘의 욕망과 희망이 거친 바다에서 꿈틀거리는 바다에서 호기로운 톤으로 시적 분위기를 만들어 갔다.

북극성 만나러 가다 보면
이사부의 혼이 깃든
환상적인 화산섬
울릉도와 독도

반갑게 눈맞춤할 때
태양은 심해로 빠져들어
붉은색으로 끓어오르는
핏빛바다

쿠릴열도 지날 즈음
우리를 패대기쳐

하얀 바닷물이
찰떡처럼 엉겨붙은 물 숭어리

선박의 온몸
살 오른 가을 사슴 엉덩이처럼
토실토실 불어 오른다

마알간 태양 솟아오르면
무지갯빛 보석으로 치장한
우리 집

다시 가고 싶다

—「가을 사슴 엉덩이처럼」 전문

동해의 물살을 가르며 신라 장군 이사부는 나무 사자를 풀어 우산국을 정복한다. "만약 너희가 항복하지 않는다면 이 맹수들을 풀어 모두 밟아 죽이겠다." 생전 처음 보는 맹수의 모습에 혼비백산했던 것이다. 신라 정벌군의 배에는 나무로 조각된 사자들이 가득 실려 있었던 것이다. 시인은 이사부의 지혜가 생각나고 그의 혜안과 같은 행동이야말로 용맹과 지혜가 혼합된 정신이었던 것이다. 울릉도와 독도를 지나 일본 홋가이도와 가까이 러시아 쿠릴열도를 지날 즈음 파도가 거세어 선원들을 패대기칠 때 선박은 살 오른 사슴 엉덩이처럼 토실토실 불어 오른다고 현장의 감각 그대로를 표현하고 있다. 그리고 그 무서운 파도를 넘어 아침이 되면 바다는 보석으로 빛나 무지갯빛으로 치장한 집으로 바다를 이미지화하였다. 시인의 서정은 무서운 바다보다 빛나고 안온한 집의 개념으로 바다를 규정하고 있다. 때문에 파도 속의 선박을 “살 오른 가을 사슴 엉덩이처럼/토실토실 불어 오른다”는 따뜻하고 포근한 시적 형상화를 이룰 수 있는 것이다.

2. 희망의 바다, 꿈의 시작

당직 서기 전
선수 볼 워크*에 나가
‘타이타닉’ 주인공처럼
두 팔 넓게 벌려 만져 본
바람의 살결

벌버서 바우*가
돌고래처럼 물보라를 일으키며
헤쳐 나가는 쪽빛 바다

뭉게구름
뭉텅뭉텅 떠 있는 파아란 하늘
선수 옆 돌고래 떼

헹가래 치며 호위한다

인생의 희망 찾아
그대의 사랑 찾아
어제도 오늘도
돌고래와 힘껏 달린다

—「돌고래 떼와 함께 달린다」 전문

돌고래와 함께 바다를 해쳐 가면서도 "선수 옆 돌고래 떼 헹가래 치며 호위한다"는 시적 화자의 동행의 의지는 대단하다.

중서부 아프리카 코트디부아르 아비장 항구
또 오라며 손 흔드는 흑인 아가씨

대서양 파도를 뒤로하고
남극 유빙과 부딪치는 상상도 하며
마다가스카르 토아마시나항으로

나를 기다리는 테이블마운틴
고향의 그리움 가득 차려진다

얼간이 새들 간간히
대포알처럼 물속으로 뛰어들고

검푸른 하늘엔
새털구름 한가롭게 떠가는 희망봉

남극에서 불어온 차다찬 바람
온 바다 눈꺼풀 하얗게 뒤집는
난바다를 건넌다

–「시소게임」 전문

아비장Abidjan은 독특한 아프리카 대도시다. "열대 지방의 맨해튼", "작은 맨해튼"이라는 아비장 항구를 지나고 커다란 산호초가 있는 멋진 토아마시나항을 지나면 테이블마운틴 산 바라보며 대포알처럼 바닷속으로 뛰어드는 얼간이새는 대양을 오가는 선박들에게 가장 친근한 새이기도 하다. 갈매기마냥 무리 지어서 중간중간 쉬어갈 정착지로 화물선을 좋아해서 선박에서 가장 높은 곳인 마스트는 그들의 공중화장실로 전락한다고 한다. 그의 시 〈얼가니 새〉에서는 고독이 뒹구는 선상에 친구가 되어주는 부비새로 표현하고 있다. 그러나 항해 중 희망봉은 안심하고 귀항지로서 휴식의 공간을 만나는 난바다를 건너 희망의 너울로 이미지화된다

험한 파도를 가르며
화주貨主의 행복을 싣고
바다를 달린다

〉

떠나온 항구
정들었던 그녀의 안부편지
밤하늘 은하수에 띄워 보낸다

궂은 날씨 달래 가며
이 항구 저 항구 행복 전하는
나는 행복 전도사

－「행복 전도사」 전문

때문에 화물선에 몸을 싣고 떠다니는 고달픈 선상생활도 행복 전도사로서의 뿌듯함으로 승화되고 있다. 최갑호 시인의 바다 시는 절망과 회한이 없다. 오직 바다 위의 삶을 온몸으로 상황을 안고 위험한 뱃길을 성찰로 풀어 가는 것이다.

3. 문명비판

지구촌의 환경문제는 이제 인류의 심각한 생존의 문제로 확대되고 있다. 세계의 정상들이 회의를 하며 문제를 풀어갈 수밖에 없는 상황에 이른 것이다. 특히 해양에 떠다니는 바다 쓰레기는 해초와 뒤엉켜 바닷물고기들의 먹이로 둔갑 되고 있다. 인간이 버린 쓰레기를 인간이 먹어

야 하는 현실이 되었다. 인간과 물고기에게 적신호가 내린 문명 비판적인 문제를 시로써 항변하고 있다.

망망대해
떠다니는 온갖 쓰레기들
탯줄처럼 해초와 뒤엉켜
태궁胎宮을 만들고 있다

치어, 해파리, 바다거북, 물개, 고래
먹이인 양 삼킨 투명비닐

내가 버린 문명의 이기
쓰러져 가는 뭇 생명의 신음소리 들린다

생명의 근원, 바다
붉은 등이 깜빡거린다

–「또 다른 생태계」 전문

4. 진정한 자유, 그리운 바다

검푸른 파도가 누에 걸음으로,
큰 너울로 걸어오는
그곳

〉

다시 가고 싶다

캄캄한 밤바다를 갉아먹는 박명시
붉은 태양의 장엄함도 보고 싶다

잠자리 날개로
파랑의 하얀 포말 위를 나는 날치 떼
돌고래 떼가 뛰어 오르는 그 바다가 그립다

먹똥 구름 몰려오는 잿빛 하늘 아래
세찬 바람 불어 해파가 만든
로체*의 삼각 봉우리
파랑의 깊은 골짜기로 내리꽂힐 때
나를 몰아세우는
하이에나 같은 바다가 그립다

마음껏 자유를 누릴 수 있는 집시들의 바다
그곳으로 다시 가고 싶다

오대양으로……

* 로체 : 히말라야 산맥에 위치한 8,516m의 세계 4위 봉우리이다.

－「다시 가고 싶다」 전문

무섭고 두려우며 위험했던 항해를 멈춘 지 오래되었지만 자신에게 삶의 물고를 태우고 희망을 쌓게 하고 기회를 주었던 그 바다에 다시 가고 싶다는 바닷사람의 염원이 담긴 「다시 가고 싶다」는 시인의 그리움이며 바다에 대한 진심 어린 감사와 친근한 이미지를 보여주고 있다. 때문에 최갑호 시인은 지금도 항해의 시인, 바다의 시인으로 이름할 수 있을 것이다.

내 인생의 1막이었던 선상생활은 후회 없는 황금기였다. 아침에 떠오르는 장엄한 태양과 저녁에 붉게 물드는 노을을 보며 넓은 바다의 황홀경에 빠지곤 했다 때로는 험악한 바다에 생명을 건 전투와 타협으로 견뎠다. 넓고 깊은 바다는 내 젊음의 안목을 넓히고 풍요와 안락함을 주던 곳이기도 했다. 그곳을 감히 내 집이라고 말씀드릴 수 있다.

깊고 검푸른 파도가
넘실거리던 오대양
위험한 천 길 낭떠러지
거기가 내 집이었어

일, 밥, 잠, 외로움, 허우적거림
커피도 함께 마시던 아슬아슬한 그곳
거기가 내 집이었어

우정과 갈등

삶과 죽음

희로애락이 넘나들던

거기가 내 집이었어

— 「거기가 내 집이었어」 전문

바다 위 내 젊음을 불태우고 친구들의 부러움을 사며 어깨 으쓱이고, 자유를 맘껏 누리고 다녔던, 그때가 너무나 그립다. 아마 다시 젊은 날로 되돌아간다 하여도 다시 그 푸른바다로 뛰어갈 것 같다.

무엇보다 첫 시집 『거기가 내 집이었어』을 상재 하면서 마음속 깊숙이 차곡차곡 두텁게 가라앉아 있던 회한과 그리움을 툴툴 털어버릴 수 있어 무거웠던 마음이 가벼워진다. 그리고 첫 시집의 평론을 써 주신 정영자 평론가님께 이 지면을 빌어 감사의 마음을 전하고 싶다. 아울러 첫 시집이 세상에 나오기까지 응원해준 사랑하는 아내와 가족, 친구, 특히 애써주신 정은아 시인 선생님께 무한한 존경과 감사를 드리고 싶다.

작가마을 시인선

01	유병근 시집	엔지세상 (최계락문학상)
02	이중기 시집	다시 격문을 쓴다
03	변종태 시집	안티를 위하여
04	정대영 시집	不二門
05	지운경 시집	결실
06	이한열 시집	누구나 한편의 영화를 품고 산다
07	김형효 시집	사막에서 사랑을
08	정춘근 시집	수류탄 고기잡이
09	이상개 시집	파도꽃잎 (세종우수도서)
10	정선영 시집	디오니소스를 만나다
11	전홍준 시집	나는 노새처럼 늙어간다
14	박병출 시집	(근간)
15	유병근 시집	까치똥
16	정춘근 시집	황해 (북한 사투리 시집)
17	유병근 시집	통영벅수
18	배재경 시집	그는 그 방에서 천년을 살았다
19	이원도 시집	장자와 동행
20	유병근 시집	어쩌면 한갓지다
21	오원량 시집	사마리아의 여인
22	김선희 시집	아홉 그루의 소나무
23	김시월 시집	햇살을 동냥하다
24	김석주 시집	함성
22	금명희 시집	어쩌면 그냥
26	류선희 시집	사유의 향기
27	김선희 시집	가문비나무 숲속으로 걸어갔을까
28	양왕용 시집	천사의 도시, 그리고 눈의 나라
29	신옥진 시집	혹시 시인이십니까
30	김석주 시집	뿌리 찾기

31 김명옥 시집 홀씨 하나가 세상을 치켜든다
32 정소슬 시집 걸레
33 이진해 시집 왼쪽의 감정
34 김정순 시집 불면은 적막보다 깊다 (부산시협상)
35 김화자 시집 침묵의 뒤
36 김덕남 시집 그리움의 깊이
37 손애라 시집 내 안의 만다라 (부산시협상)
38 김희영 시집 사랑하다가 기다리다가 (영축문학상)
39 류선희 시집 바람개비
40 강준철 시집 외로운 새로움
41 이나열 시집 우물 속에서 뜨는 달
42 이금숙 시집 그리운 것에는 이유가 있다
43 김화자 시집 아들은 지금 출장 중이다
44 김형효 시집 불태워진 흔적을 물고 누웠다
45 강달수 시집 쇠박새의 노래
46 박미정 시집 소년의 휘파람 (부산시인협회상)
47 정선영 시집 슬픔이 고단하다
48 고윤희 시집 양탄자가 떠있는 방
49 배동욱 시집 아르고스, 눈을 감다
50 염계자 시집 열꽃을 지운다
51 이소정 시집 토담너머 포구나무
52 조규옥 시집 기억은 그리움을 들춘다 (부산시협상)
53 문인선 시집 땅땅 땅
54 김새록 시집 꼬부라진 비명이 잘려나갔어
55 정선영 시집 책상 위의 환상
56 보 우 시집 화살이 꽃이 되어 (실상문학 대상)
57 정은하 시집 달보드레하고 칼칼칼하고 짭짤하고
58 배재경 시집 하늘에서 울다

59 김종태 시집 넉넉한 시계
60 이명희 시집 나에게 묻는 나의 안부
61 정선영 시집 빨랫줄에 걸터앉아 명상 중입니다
62 박숙자 시집 그리우면 그리운 대로 살아가겠지
63 이창희 시집 어제 나는 죽었다
64 배동욱 시집 저 무수한 빛 가운데 빛으로
65 김 섶 시집 옥수역에는 목단꽃이 산다
66 최갑호 시집 거기가 내 집이었어